UNA RACCOLTA DI RICETTE PER GLI AMANTI DEL CAFFÈ

100 DIVERSE RICETTE CHE VANNO DAL CLASSICO CAPPUCCINO ALLE SPECIALITÀ LATTES

Thomas Fiore

Tutti i diritti riservati.

Disclaimer

Le informazioni contenute in questo eBook intendono servire come raccolta completa di strategie su cui l'autore di questo eBook ha svolto ricerche. Riepiloghi, strategie, suggerimenti e trucchi sono solo raccomandazioni dell'autore e la lettura di questo eBook non garantisce che i propri risultati rispecchino esattamente i risultati dell'autore. L'autore dell'eBook ha compiuto ogni ragionevole sforzo per fornire informazioni aggiornate e accurate ai lettori dell'eBook. L'autore ei suoi associati non saranno ritenuti responsabili per eventuali errori o omissioni non intenzionali che potrebbero essere trovati. Il materiale contenuto nell'eBook può includere informazioni di terze parti. I materiali di terze parti comprendono opinioni espresse dai rispettivi proprietari. Pertanto, l'autore dell'eBook non si assume alcuna responsabilità per materiale o opinioni di terze parti. Che sia a causa della progressione di Internet o dei cambiamenti imprevisti nella politica aziendale e nelle linee guida per la presentazione editoriale, ciò che è dichiarato come un dato di fatto al momento della stesura di questo documento potrebbe diventare obsoleto o inapplicabile in seguito.

L'eBook è copyright © 2023 con tutti i diritti riservati. È illegale ridistribuire, copiare o creare opere derivate da questo eBook in tutto o in parte. Nessuna parte di questo rapporto può essere riprodotta o ritrasmessa in qualsiasi forma riprodotta o ritrasmessa senza l'autorizzazione scritta, espressa e firmata dall'autore.

SOMMARIO

SOMMARIO 4
INTRODUZIONE 8
DESSERT AL CAFFÈ 10

   1. Tiramisù ai frutti di bosco 11
   2. Crema pasticcera alla cicoria 13
   3. Fonduta di moka 16
   4. Tiramisù 18
   5. Torta piccante italiana di prugne e prugne 21
   6. Granita al caffè italiano 25
   7. Ho ney bee cortado 27
   8. Granita al caffè 29
   9. Gelato al caffè 31
   10. Pieno zeppo di gelato al cioccolato 33
   11. Gelato al cioccolato e rum 36
   12. Caffé irlandese 38
   13. Mousse glassate al doppio cioccolato 41
   14. Frappe al cappuccino 44
   15. Brownies glassati al moka 46
   16. Biscotto al caffè 48
   17. Dessert di gelatina al caffè 51
   18. Mousse al caffè 53
   19. Dessert di agar al caffè e cocco 57
   20. Affogato italiano 61

CAFFÈ INFUSO CON TÈ 63

   21. Tè di Hong Kong Preparato con caffè 64
   22. Tè freddo al caffè 66
   23. Caffè malese con tè 68
   24. Bubble tea caffè freddo 70
   25. Caffè e Earl Grey Boba Mocktail 72

26. Tè verde ai frutti di bosco..74

CAFFÈ INFUSO ALLA FRUTTA..76

27. Frappuccino ai lamponi..77
28. Frappe al mango..79
29. Caffè al lampone..81
30. Caffè di Natale..83
31. Ricco caffè al cocco..85
32. Caffè alla banana al cioccolato..87
33. Caffè della Foresta Nera..89
34. Caffè al maraschino..91
35. Caffè al Cioccolato e Mandorla..93
36. Caffè Soda Pop..95
37. Moka semidolce..97
38. Caffè viennese..99
39. Espresso Romano..101

CAFFÈ INFUSO AL CACAO..103

40. Cappuccino Moka ghiacciato..104
41. Caffè freddo originale..106
42. Caffè aromatizzato alla moka..108
43. Moka piccante messicana..110
44. Caffè al cioccolato..112
45. Caffè alla menta piperita..114
46. Espresso Italiano Moka..116
47. Caffè al cioccolato..118
48. Caffè Amaretto Al Cioccolato..120
49. Float al caffè alla menta e cioccolato..122
50. Cacao Caffè..124
51. Cacao Nocciola Moka..126
52. Caffè alla menta al cioccolato..128
53. Caffellatte..130
54. Caffè italiano con cioccolato..132
55. Moka semidolce..134

CAFFÈ INFUSO ALLE SPEZIE..136

56. Caffè speziato all'arancia 137
57. Crema al caffè speziata 139
58. Caffè speziato al cardamomo 141
59. Cafè de Ola 143
60. Caffè Vaniglia Mandorla 145
61. Giava araba 147
62. Caffè al miele 149
63. Caffè Vienna Desiderio 151
64. Caffè speziato alla cannella 153
65. Espresso alla cannella 155
66. Caffè speziato messicano 157
67. Caffè all'uovo vietnamita 159
68. Caffè turco 161
69. Latte speziato alla zucca 163
70. Latte al caramello 166

CAFFÈ INFUSO CON ALCOOL 168

71. Caffè al rum 169
72. Kahlua Irish Coffee 171
73. Il cappuccino irlandese di Bailey 173
74. Caffè Brandy 175
75. Kahlua e salsa al cioccolato 177
76. Liquore al caffè fatto in casa 179
77. Kahlua Brandy Caffè 181
78. Espresso Tequila Lime 183
79. Caffè al brandy zuccherato 185
80. Caffè della cena 187
81. Caffè d'acero dolce 189
82. Sogno di Dublino 191
83. Caffè Di Saronno 193
84. Caffé Bassa 195
85. Caffè pralinato 197
86. Vodka Caffè 199
87. Amaretto Cafè 201
88. Cafè Au Cin 203
89. Cappuccino Spigato 205

90. Caffè gaelico... 207
91. Caffè al whisky di segale... 209
92. Caffè al brandy alla ciliegia... 211
93. Caffè danese... 213
94. Sparatutto di whisky... 215
95. Il buon vecchio irlandese.. 217
96. Bushmills Irish Coffee.. 219
97. Caffè irlandese nero... 221
98. Caffè irlandese cremoso... 223
99. Caffè irlandese vecchio stile... 225
100. Crema Liquore Latte... 227

CONCLUSIONE...**229**

INTRODUZIONE

Benvenuto nell'incantevole mondo di "Una raccolta di ricette per gli amanti del caffè". Il caffè, l'elisir del mattino e la musa di innumerevoli conversazioni, è un'arte che porta gioia e conforto alle persone di tutto il mondo. Questa raccolta di ricette è un omaggio alla magia che accade quando chicchi di qualità incontrano mani creative. Dal ricco aroma di una tazza appena preparata alla consistenza vellutata che danza sul tuo palato, ogni sorso di queste miscele è un viaggio di delizia.

All'interno di queste pagine troverai una serie di ricette di caffè meticolosamente realizzate, ognuna progettata per migliorare la tua esperienza di caffè. Che tu stia cercando una sferzata di energia per iniziare la giornata, un tranquillo momento di conforto o una gustosa conclusione di un sontuoso pasto, le nostre ricette soddisfano ogni stato d'animo e ogni occasione. Abbiamo collaborato con intenditori di caffè ed esperti culinari per garantire che ogni ricetta sia un capolavoro, combinando i migliori ingredienti con tecniche precise.

Unisciti a noi mentre intraprendiamo questa spedizione sensoriale, immergendoci nel mondo dei fagioli, delle birre e oltre. Dalle miscele classiche che hanno superato la prova del tempo alle creazioni innovative che spingono i confini del gusto, "Brewing Bliss" è il tuo invito a esplorare le sfumature e la versatilità del caffè come mai prima d'ora.

DESSERT AL CAFFÈ

1. Tiramisù ai frutti di bosco

ingredienti

- 1 1/2 tazze di caffè preparato
- 2 cucchiai di Sambuca
- 1 cucchiaio di zucchero semolato
- Contenitore da 1 libbra di mascarpone
- 1/4 di tazza di panna
- 2 cucchiai di zucchero a velo
- Biscotti savoiardi
- Polvere di cacao
- 2 tazze di frutti di bosco misti

Indicazioni

a) In una ciotola poco profonda, sbatti insieme 1 tazza e 1/2 di caffè preparato, 2 cucchiai di Sambuca e 1 cucchiaio di zucchero semolato fino a quando lo zucchero non si sarà sciolto. In una ciotola separata, sbatti insieme un contenitore da 1 libbra di mascarpone, 1/4 di tazza di panna e 2 cucchiai di zucchero a velo.

b) Usando abbastanza biscotti savoiardi per coprire il fondo di una teglia quadrata da 8 pollici, immergi i savoiardi nella miscela di caffè e disponi in uno strato uniforme sul fondo della teglia. Distribuire sopra metà del composto al mascarpone. Ripeti i due strati. Cospargere con cacao in polvere e 2 tazze di frutti di bosco misti. Refrigerare il tiramisù per almeno 2 ore e fino a 2 giorni.

2. Crema pasticcera alla cicoria

ingredienti

- 1 cucchiaio di burro
- 3 tazze di panna
- 1 1/2 tazze di zucchero
- 1 tazza di caffè di cicoria
- 8 tuorli d'uovo
- 1 tazza di zucchero grezzo
- 20 piccoli biscotti di pasta frolla

Indicazioni

a) Preriscalda il forno a 275 gradi F. Ungi 10 stampini da 4 once. In una casseruola, a fuoco medio, unire la panna, lo zucchero e il caffè.

b) Sbatti fino a che liscio. In una piccola ciotola, sbatti le uova fino a che liscio. Temperare i tuorli d'uovo nella miscela di panna calda. Togliere dal fuoco e raffreddare. Mestolo nei singoli stampini. Metti i pirottini in una pirofila.

c) Riempi il piatto con l'acqua che sale per metà del ramekin. Mettere in forno, sulla griglia inferiore e cuocere fino a quando il centro è impostato, da circa 45 minuti a 1 ora.

d) Togliere dal forno e acqua. Raffreddare completamente.

e) Refrigerare fino al raffreddamento. Cospargere lo zucchero sopra, eliminando l'eccesso. Usando un cannello a mano, caramellare lo zucchero sopra. Servire la crema catalana con i biscotti di pasta frolla.

3. **Fonduta di moka**

ingredienti

- 8 once. Cioccolato semidolce
- 1/2 tazza di espresso o caffè caldo
- 3 cucchiai di zucchero semolato
- 2 cucchiai di burro
- 1/2 cucchiaino di estratto di vaniglia

Indicazioni

a) Tritate il cioccolato a pezzetti e mettete da parte
b) Scaldare l'espresso e lo zucchero nella pentola per fonduta a fuoco basso
c) Aggiungere lentamente il cioccolato e il burro mescolando
d) Aggiungi vaniglia
e) Facoltativo: aggiungi una spruzzata di Irish Cream
f) Da intingere: Angel Food Cake, fette di mela, banane, fragole, torta di libbra, salatini, pezzi di ananas, marshmallow

4. Tiramisù

Porzioni: 6

Ingredienti :

- 4 tuorli d'uovo
- $\frac{1}{4}$ tazza di zucchero bianco
- 1 cucchiaio di estratto di vaniglia
- $\frac{1}{2}$ tazza di panna da montare
- 2 tazze di mascarpone
- 30 savoiardi
- 1 $\frac{1}{2}$ tazza di caffè preparato ghiacciato conservato in frigorifero
- $\frac{3}{4}$ bicchiere di liquore Frangelico
- 2 cucchiai di cacao amaro in polvere

Indicazioni

a) In una bacinella, sbatti insieme i tuorli, lo zucchero e l'estratto di vaniglia fino a ottenere un composto cremoso.

b) Successivamente, montate la panna da montare fino a renderla soda.

c) Unire il mascarpone e la panna montata.

d) In una piccola terrina, piegare leggermente il mascarpone nei tuorli d'uovo e lasciare da parte.

e) Unire il liquore al caffè freddo.

f) Immergi subito i savoiardi nella miscela di caffè. Se i savoiardi si bagnano o si inumidiscono troppo, diventeranno mollicci.

g) Appoggia metà dei savoiardi sul fondo di una teglia da 9x13 pollici.

h) Metti metà della miscela di ripieno sopra.

i) Metti le restanti savoiardi sopra.

j) Metti una copertura sopra il piatto. Successivamente, raffreddare per 1 ora.

k) Spolverare con cacao in polvere.

5. Torta piccante italiana di prugne e prugne

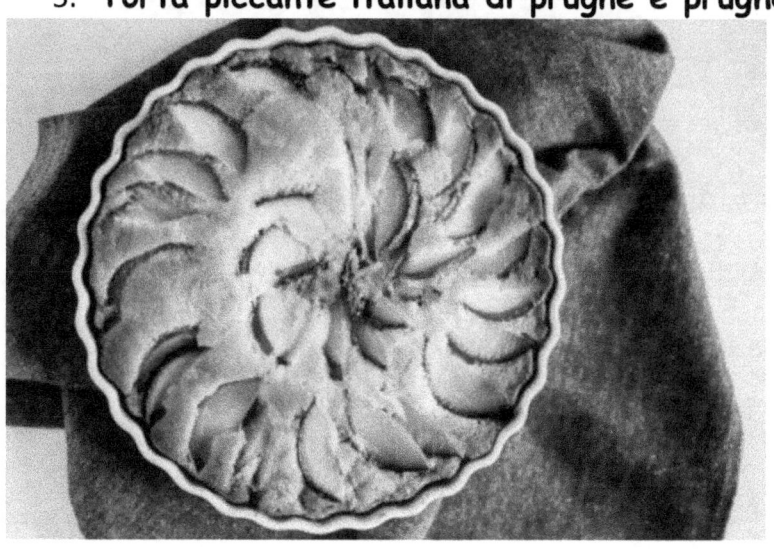

Porzioni : 12 porzioni

Ingrediente

- 2 tazze Italiano snocciolato e squartato
- Prugne-prugne, cotte fino a
- Morbido e fresco
- 1 tazza Burro non salato, ammorbidito
- 1¾ tazze Zucchero granulare
- 4 Uova
- 3 tazze Farina setacciata
- ¼ tazza Burro non salato
- ½ libbra Zucchero a velo
- 1 cucchiaio e mezzo Cacao amaro
- Pizzico di sale
- 1 cucchiaino Cannella
- ½ cucchiaino Chiodi di garofano
- ½ cucchiaino Noce moscata
- 2 cucchiaini Bicarbonato di sodio
- ½ tazza Latte

- 1 tazza Noci, tritate finemente
- 2 Due 3 cucchiai forti, caldi
- Caffè
- ¾ cucchiaino Vaniglia

Indicazioni :

a) Preriscalda il forno a 350 ° F. Imburrare e infarinare una teglia Bundt da 10 pollici.

b) In una grande bacinella, unisci il burro e lo zucchero fino a ottenere un composto chiaro e spumoso.

c) Sbattere le uova una per una.

d) Unire farina, spezie e bicarbonato di sodio in un setaccio. In terzi, unire la miscela di farina alla miscela di burro, alternando con il latte. Battere solo per unire gli ingredienti.

e) Aggiungere le prugne e le noci cotte e mescolare per unire. Trasformare in teglia preparata e cuocere per 1 ora in un forno a 350 ° F, o fino a quando la torta inizia a restringersi dai lati della teglia.

f) Per preparare la glassa, unisci il burro e lo zucchero a velo. Aggiungere gradualmente lo zucchero e il cacao in polvere, mescolando continuamente fino a quando non saranno completamente combinati. Condire con sale.

g) Mescolare in una piccola quantità di caffè a un'ora.

h) Sbattere fino a ottenere un composto chiaro e spumoso, quindi aggiungere la vaniglia e decorare la torta.

6. Granita al caffè italiano

ingredienti

- 4 tazze d'acqua
- 1 tazza di caffè espresso tostato macinato
- 1 tazza di zucchero

Indicazioni :

a) Portare l'acqua a ebollizione, quindi aggiungere il caffè. Versare il caffè attraverso un colino. Aggiungere lo zucchero e mescolare bene. Lasciare raffreddare la miscela a temperatura ambiente.

b) Friggi gli ingredienti in una padella 9x13x2 per 20 minuti. Usando una spatola piatta, raschia il composto (mi piace usare una forchetta personalmente).

c) Raschiare ogni 10-15 minuti fino a ottenere un composto denso e granuloso. Se si formano pezzi spessi, frullarli in un robot da cucina prima di rimetterli nel congelatore.

d) Servire con una piccola cucchiaiata di panna fredda in un bel dessert freddo o una lezione di Martini.

7. Ho ney bee cortado

Ingredienti :

- 2 colpi di caffè espresso
- 60 ml di latte cotto a vapore
- 0,7 ml di sciroppo di vaniglia
- 0,7 ml di sciroppo di miele

Indicazioni :

a) Prepara un doppio espresso.

b) Portare a ebollizione il latte.

c) Mescolare il caffè con gli sciroppi di vaniglia e miele e mescolare bene.

d) Schiumare uno strato sottile sopra la miscela di caffè/sciroppo aggiungendo latte in parti uguali.

8. Granita al caffè

ingredienti

- 3 tazze di caffè nero molto forte appena fatto
- 1/3 di tazza di zucchero superfino
- 1/4 di cucchiaino di estratto di vaniglia puro
- 1 tazza di acqua, refrigerata
- 1 tazza di panna da montare
- 2 cucchiai di nocciole tostate

Indicazioni

a) Mescolare insieme il caffè caldo, lo zucchero e la vaniglia. Lasciate raffreddare, mescolando di tanto in tanto fino a quando lo zucchero non si sarà sciolto. Aggiungere l'acqua fredda e versare in un contenitore per congelatore.

b) Congelare fino a quando non diventa fangoso. Rompere leggermente con una forchetta, quindi continuare a congelare fino a quando non è quasi fermo.

c) Tritare finemente la maggior parte delle noci e schiacciare grossolanamente il resto. Montare la panna fino a renderla spumosa e incorporare le noci macinate. Mettere in freezer gli ultimi 15 minuti prima di servire.

d) Raffredda da 4 a 6 bicchieri alti. Togliete la granita dal freezer e spezzettatela con una forchetta. Riempi i bicchieri ghiacciati con i cristalli di ghiaccio al caffè. Top con un vortice di gelato e cospargere su alcune delle noci tritate. Ricongelare non più di un'ora, quindi servire direttamente dal congelatore.

9. Gelato al caffè

ingredienti

- 1 1/4 tazze di panna leggera
- 5 tuorli d'uovo
- 1/2 tazza di zucchero superfino
- 1 cucchiaino di estratto di vaniglia puro
- 1 1/4 tazze di espresso extra forte appena preparato

Indicazioni

a) Riscaldare la panna fino a quando non inizia a bollire, quindi raffreddare leggermente.
b) In una grande ciotola resistente al calore, sbattere i tuorli, lo zucchero e la vaniglia fino a ottenere un composto denso e cremoso. Sbattere la panna calda e il caffè, quindi posizionare la ciotola sopra una padella di acqua bollente. Mescolare costantemente con un cucchiaio di legno fino a quando la crema pasticcera non ricopre appena il dorso del cucchiaio.
c) Togliere la ciotola dal fuoco e raffreddare leggermente. Quando sarà completamente raffreddato, versare in una gelatiera e lavorare secondo le indicazioni del produttore, oppure utilizzare il metodo di miscelazione manuale . Smetti di agitare quando è quasi fermo, trasferiscilo in un contenitore per congelatore e lascialo nel congelatore per 15 minuti prima di servire o fino a quando richiesto.
d) Questo gelato è delizioso fresco, ma può essere congelato fino a 3 mesi. Tirare fuori 15 minuti prima di servire per ammorbidire leggermente.
e) Rende circa 1 1/4 pinte

10. Pieno zeppo di gelato al cioccolato

ingredienti

- 3 once di cioccolato non zuccherato, tritato grossolanamente
- 1 (14 once) può latte condensato zuccherato
- 1 1/2 cucchiaini di estratto di vaniglia
- 4 cucchiai di burro non salato
- 3 tuorli d'uovo
- 2 once di cioccolato semidolce
- 1/2 tazza di caffè nero forte
- 3/4 tazza di zucchero semolato
- 1/2 tazza di crema leggera
- 1 1/2 cucchiaini di rum scuro
- 2 cucchiai di crema di cacao bianca
- 2 tazze di panna
- 2 once di cioccolato non zuccherato, finemente grattugiato
- 1/4 di cucchiaino di sale

Indicazioni

a) A bagnomaria, sciogliere 3 once di cioccolato non zuccherato. Aggiungere il latte, mescolando fino a che liscio. Mescolare l'estratto di vaniglia e togliere dal fuoco.

b) Tagliare il burro in quattro pezzi uguali e aggiungere, un pezzo alla volta, mescolando continuamente fino a quando tutto il culo è stato incorporato. Sbattere i tuorli fino a renderli chiari e color limone.

c) Incorporare gradualmente la miscela di cioccolato e continuare a mescolare fino a che liscio e cremoso. Accantonare.

d) A bagnomaria scaldare 2 once di cioccolato semidolce, caffè, zucchero e panna chiara. Mescolare costantemente fino a che liscio. Mescolare il rum e la crema di cacao e lasciare raffreddare la miscela a temperatura ambiente.

e) Unire entrambe le miscele di cioccolato, la panna, il cioccolato non zuccherato grattugiato e la stecca in una ciotola capiente. Versare il composto nel contenitore del congelatore per gelato e congelare secondo le indicazioni del produttore.

11. Gelato al cioccolato e rum

ingredienti

- 1/4 di tazza d'acqua
- 2 cucchiai di caffè istantaneo
- 1 pacchetto (6 once) di gocce di cioccolato semidolce
- 3 tuorli d'uovo
- 2 once di rum scuro
- 1 1/2 tazze di panna, montata
- 1/2 tazza di mandorle a scaglie, tostate

Indicazioni

a) In un pentolino mettete lo zucchero, l'acqua e il caffè. Mescolando continuamente, portare a ebollizione e cuocere per 1 minuto. Metti le gocce di cioccolato in un frullatore o in un robot da cucina e, con il motore acceso, versa lo sciroppo caldo e frulla fino a che liscio. Sbattere i tuorli d'uovo e il rum e raffreddare leggermente. Unire il composto di cioccolato alla panna montata, quindi versare in piatti da portata individuali o in una pirofila. Cospargere con le mandorle tostate. Congelare.

b) Per servire, togliere dal congelatore almeno 5 minuti prima di servire.

12. Caffé irlandese

ingredienti

- 1 tazza di latte intero
- 1 cucchiaio e mezzo di caffè istantaneo o espresso in polvere
- ⅔ tazza di zucchero di canna, confezionato
- 1 uovo grande
- 3 tuorli d'uovo grandi
- ¼ di tazza di whisky irlandese
- ½ cucchiaino di estratto di vaniglia
- 2 tazze di panna

Indicazioni

a) Unire il latte, il caffè istantaneo e lo zucchero in una casseruola media. Cuocere a fuoco medio, mescolando per sciogliere lo zucchero, fino a quando il composto non raggiunge il bollore.

b) Sbatti insieme le uova e i tuorli in una ciotola capiente. Quando il composto di latte raggiunge il bollore, togliere dal fuoco e versarlo molto lentamente nel composto di uova per temperarlo mentre si sbatte continuamente.

c) Quando tutto il composto di latte è stato aggiunto, rimettilo nella casseruola e continua a cuocere a fuoco medio, mescolando continuamente, fino a quando il composto non si è addensato abbastanza da ricoprire il dorso di un cucchiaio, da 2 a 3 minuti. Togliere dal fuoco e aggiungere il whisky, la vaniglia e la panna.

d) Raffreddare la miscela di latte a temperatura ambiente, quindi coprire e conservare in frigorifero fino a quando non si raffredda bene, da 3 a 4 ore o durante la notte. Versare il composto freddo in una gelatiera e congelare come indicato.

e) Trasferire il gelato in un contenitore adatto al congelatore e metterlo nel congelatore. Lasciare rassodare per 1 o 2 ore prima di servire.

13. Mousse glassate al doppio cioccolato

ingredienti

- 3-4 cucchiai di latte molto caldo
- 1 busta (1/4 di oz.) di gelatina non aromatizzata
- 1 1/2 tazze di pezzi di cioccolato bianco
- 4 cucchiai (1/2 panetto) di burro non salato
- 2 grandi albumi
- 1/2 tazza di zucchero superfino
- 1/2 tazza di cioccolato fondente tritato finemente (vuoi mantenere un po' di consistenza)
- 1/2 tazza di panna, leggermente montata
- 1/2 tazza di yogurt alla greca
- 18 chicchi di caffè ricoperti di cioccolato o uvetta
- 1 cucchiaino di cacao amaro in polvere, setacciato

Indicazioni

a) Cospargi la gelatina sul latte caldo e mescola per scioglierla. Se necessario, mettilo nel microonde per 30 secondi per aiutarlo a dissolversi. Sciogliere delicatamente il cioccolato bianco e il burro fino a che liscio. Mescolare la gelatina sciolta e mettere da parte a raffreddare, ma non lasciarla rassodare di nuovo. Montare a neve ferma gli albumi, quindi incorporare gradualmente lo zucchero e incorporare il cioccolato fondente.

b) Unire con cura il cioccolato bianco raffreddato, la panna montata, lo yogurt e gli albumi. Versare il composto in 6 stampini individuali, o in uno stampo grande, foderato con pellicola trasparente per sformare facilmente. Appiattire ordinatamente le cime. Coprire e congelare per 1 o 2 ore o durante la notte.

c) Per servire, allentare i bordi superiori con un coltellino. Capovolgere ogni stampo su un piatto da portata e pulire con un panno caldo, oppure stendere delicatamente la mousse con la pellicola trasparente. Riporre le mousse nel congelatore fino al momento di mangiarle. Servire con chicchi di caffè o uvetta ricoperti di cioccolato e una leggera spolverata di cioccolato in polvere.

14. Frappe al cappuccino

ingredienti

- 4 cucchiai di liquore al caffè
- 1/2 tazza di gelato al caffè
- Sala 4 cucchiai
- 1/2 tazza di panna montata
- 1 cucchiaio di cacao amaro in polvere, setacciato

Indicazioni

a) Versare il liquore nella base di 6 bicchieri o coppette da freezer e raffreddare bene o congelare.
b) Preparare il gelato come indicato fino a quando parzialmente congelato. Quindi sbattere nella stanza con uno sbattitore elettrico fino a renderlo spumoso, versare immediatamente sopra il liquore congelato e congelare di nuovo fino a quando non diventa sodo ma non duro.
c) Distribuire la panna montata sul gelato. Cospargere generosamente con il cacao in polvere e rimettere in freezer per qualche minuto fino a quando non si è assolutamente pronti per servire.

15. Brownies glassati al moka

ingredienti

- 1 tazza di zucchero
- 1/2 tazza di burro, ammorbidito
- 1/3 c di cacao da forno
- 1 t granuli di caffè istantaneo
- 2 uova sbattute
- 1 cucchiaio di estratto di vaniglia
- 2/3 cucchiai di farina per tutti gli usi
- 1/2 cucchiaino di lievito in polvere
- 1/4 cucchiaino di sale
- 1/2 tazza di noci tritate

Indicazioni

a) Unire in un pentolino zucchero, burro, cacao e granella di caffè. Cuocere e mescolare a fuoco medio fino a quando il burro si scioglie. Togliere dal fuoco; raffreddare per 5 minuti. Aggiungere le uova e la vaniglia; mescolare fino a quando non sono appena combinati.

b) Mescolare la farina, il lievito e il sale; piegare le noci. Distribuire la pastella in una teglia unta da 9 "x9". Cuocere in forno a 350 gradi per 25 minuti o fino a quando impostato.

c) Raffreddare in padella su una gratella. Distribuire la glassa al moka sui brownies raffreddati; affettare in barre. Fa una dozzina.

16. Biscotto al caffè

ingredienti

Torta al caffè:
- 2 tazze di miscela Bisquick
- 2 cucchiai di zucchero
- 2/3 tazza di latte
- 1 uovo

Topping Streusel alla cannella:
- 1 tazza di miscela Bisquick
- 2/3 di tazza di zucchero di canna leggermente confezionato
- 2 cucchiaini di cannella in polvere
- 1/4 di tazza di burro non salato

Indicazioni

Per lo Streusel Topping
a) In una terrina media, sbatti insieme il composto Bisquick, lo zucchero di canna e la cannella.
b) Aggiungere il burro a cubetti. Usa le mani per sbriciolare il burro nel composto secco.

Per la torta al caffè
c) Preriscalda il forno a 350 ° F. Foderare una teglia da 8 × 8 pollici con carta pergamena o ungerla. Accantonare.
d) In una grande terrina, unisci il composto Bisquick, lo zucchero, il latte e l'uovo usando una spatola. Raschiare la ciotola.
e) Versare l'impasto della torta nella teglia preparata e livellare.
f) Cospargere uniformemente lo streusel sopra la pastella.

g) Cuocere per 20-25 minuti o fino a quando uno stuzzicadenti inserito al centro risulta pulito.
h) Lasciare raffreddare nella padella per 20 minuti prima di tagliare. Servire e gustare!

17. Dessert di gelatina al caffè

Porzioni: 5

ingredienti

- ¾ tazza di zucchero bianco
- 3 buste (0,25 once) di gelatina in polvere non aromatizzata
- 3 tazze di caffè preparato caldo
- 1 ⅓ tazze d'acqua
- 1 cucchiaio di succo di limone
- 1 tazza di panna montata zuccherata per guarnire

Indicazioni

a) In una casseruola, mescolare insieme lo zucchero e la gelatina. Mescolare in caffè caldo e acqua. Cuocere a fuoco basso, mescolando spesso fino a quando la gelatina e lo zucchero non si saranno completamente sciolti. Togliere dal fuoco e aggiungere il succo di limone. Versare in uno stampo da 4 1/2 tazza.

b) Conservare in frigorifero fino al set, almeno 6 ore o durante la notte. Servire con panna montata.

18. Mousse al caffè

Porzioni: 4 persone

ingredienti

- 2 1/2 cucchiai di zucchero semolato
- 4 uova
- 3/4 di tazza + 2 cucchiai di panna
- 3 cucchiai di caffè istantaneo in polvere
- 1 cucchiaio di cacao amaro in polvere
- 1 cucchiaino di gelatina in polvere
- 1 Cucchiai di Caffè Istantaneo in Polvere e Cacao in Polvere, miscelati - facoltativi, per finire la mousse

Indicazioni

a) Separare i tuorli e gli albumi. Metti i tuorli d'uovo in una ciotola capiente e gli albumi nella ciotola del tuo mixer. Accantonare.

b) Mettere la gelatina in polvere in una ciotolina con l'acqua fredda, mescolare e mettere da parte in ammollo.

c) Aggiungere lo zucchero semolato ai tuorli e montare fino a ottenere un composto spumoso e di colore più chiaro.

d) Mettere la panna, il caffè istantaneo in polvere e il cacao in polvere in un pentolino e scaldare a fuoco basso fino a quando le polveri si saranno sciolte, mescolando di tanto in tanto. Non far bollire la panna.

e) Versare la panna calda sopra il tuorlo d'uovo e lo zucchero mentre si monta. Sbattere bene, quindi trasferire di nuovo nella casseruola a fuoco basso. Continua a sbattere fino a quando la crema inizia ad addensarsi, quindi rimuovi direttamente dal fuoco e trasferisci nuovamente in una ciotola capiente e pulita.

f) Aggiungere la gelatina reidratata alla panna e frullare bene fino a completa integrazione. Mettere da parte per raffreddare completamente.

g) Mentre la crema si raffredda, iniziate a montare gli albumi a neve ben ferma.

h) Quando la panna è fredda, incorporare delicatamente gli albumi montati a neve in 3 o 4 volte. Cerca di non lavorare troppo la crema.

i) Versare la Mousse al Caffè in coppette o vasetti individuali e mettere in frigo a rassodare per almeno 2 ore.

j) Facoltativo: al momento di servire, cospargere le mousse con un po' di polvere di caffè istantaneo e cacao in polvere per completarle.

19. Dessert di agar al caffè e cocco

Dosi: 4 porzioni

ingredienti

- 1 1/2 tazze di latte di cocco non zuccherato, normale o a basso contenuto di grassi
- 1 tazza di latte
- 1 tazza di zucchero semolato, diviso
- 2 cucchiai di agar in polvere, divisi
- 1 cucchiaino di sale
- 2 cucchiai di caffè istantaneo in grani
- 3 tazze d'acqua

Indicazioni

a) Aggiungi il latte di cocco, il latte, 1/4 di tazza di zucchero, 1 cucchiaio di agar in polvere e il sale in una casseruola da 1 litro; sbattere il composto e portarlo a ebollizione a fuoco medio-alto, facendo attenzione a non far traboccare il liquido. Dopo che la miscela di latte di cocco è bollita per 30-40 secondi, togli la casseruola dal fornello.

b) Versare la miscela di latte di cocco negli stampi di vostra scelta. Lascia che si raffreddi.

c) Nel frattempo, sbatti insieme i restanti 3/4 di tazza di zucchero, 1 cucchiaio di agar, caffè istantaneo e acqua in un'altra casseruola e portalo a ebollizione a fuoco medio-alto. Una volta che la miscela ha bollito per 30-40 secondi, togliere la casseruola dal fornello.

d) Controlla se lo strato di agar di cocco si è indurito. Non vuoi che sia completamente solido; altrimenti i due strati non si attaccheranno e scivoleranno l'uno dall'altro al momento di servire il dolce. Con il dito, tocca leggermente la superficie dello strato di cocco agar per vedere se c'è una certa resistenza sulla superficie. In tal caso, tenendo la casseruola il più vicino possibile alla superficie dello strato di cocco, versare molto delicatamente lo strato di caffè sopra lo strato precedente.

e) Lascia che l'agar si solidifichi. Questo dovrebbe richiedere dai 40 ai 45 minuti a temperatura ambiente e 20 minuti in frigorifero.

20. Affogato italiano

Porzioni 1 porzione

ingredienti
- 2 palline di gelato alla vaniglia di alta qualità
- 1 bicchierino di caffè espresso
- 1 cucchiaio di liquore alle noci o al caffè (facoltativo)
- cioccolato fondente, da grattugiare sopra

Indicazioni

a) Preparare un espresso (uno per persona). Versa 1-2 palline di gelato alla vaniglia in un bicchiere largo o una ciotola e versaci sopra un bicchierino di caffè espresso.

b) Versare 1 cucchiaio di liquore al nocino o liquore a scelta sul gelato e grattugiare sopra un po' di cioccolato fondente.

CAFFÈ INFUSO CON TÈ

21. Tè di Hong Kong Preparato con caffè

ingredienti

- 1/4 di tazza di tè nero in foglie p
- 4 1/2 tazze di caffè preparato
- 5-8 cucchiai di zucchero
- 3/4 tazza metà e metà

Indicazioni

a) Per prima cosa prepara le tue foglie di tè nero in 4 1/2 tazze d'acqua. Mentre il tè è in infusione, prepara il caffè con il metodo che preferisci. Assicurati che sia il tè che il caffè siano abbastanza forti!

b) Quando il caffè e il tè sono pronti, uniscili in una grande ciotola o caraffa. Mescolare lo zucchero nella miscela di caffè/tè e aggiungere metà e metà. Mescolare bene e servire!

c) Questo fa 8-10 porzioni a seconda delle dimensioni della tazza. Puoi anche servire questo tè freddo o con ghiaccio!

22. Tè freddo al caffè

ingredienti

- caffè
- tè delicato
- ghiaccio
- crema facoltativa
- zucchero facoltativo

Indicazioni

a) Posizionare l'inserto per la tazza di caffè K nella macchina. Aggiungere il ghiaccio alla tazza o al bicchiere. Posizionare la bustina di tè orizzontalmente sopra il ghiaccio per consentire al caffè preparato di fluire attraverso la bustina di tè mentre si versa. Lasciare in infusione per alcuni secondi dopo che la fermentazione è terminata. Premi la bustina di tè, facendo attenzione a non farla scoppiare, rimuovila dal vetro e gettala.

b) Aggiungi panna o zucchero, se lo desideri.

23. Caffè malese con tè

ingredienti

- 1¾ tazze (438 ml) di acqua
- 9 cucchiaini (18 g) di tè nero di Ceylon in foglie sfuse
- ⅓ tazza (67 g) di zucchero Turbinado
- 1 tazza e ⅔ (417 ml) di latte evaporato
- 1½ tazza (375 ml) di caffè forte, caldo

Indicazioni

a) In una pentola unire l'acqua alle foglie di tè. A fuoco medio, portare a ebollizione, ridurre la fiamma al minimo e cuocere a fuoco lento; 5 minuti. Il tè dovrebbe essere piuttosto scuro.

b) Rimuovere la pentola o spegnere il fuoco. Mescolare immediatamente lo zucchero Turbinado fino a quando lo zucchero non si è sciolto per lo più; 1 minuto.

c) Incorporare il latte evaporato. Rimetti la pentola a fuoco medio. Portare a ebollizione la miscela, ridurre il fuoco al minimo e cuocere a fuoco lento; 3 minuti.

d) Filtrare la miscela di tè usando un setaccio a maglie fini rivestito con una garza o rimuovere le bustine di tè, se si utilizza.

e) Versare il caffè caldo; mescolare accuratamente.

24. Bubble tea caffè freddo

ingredienti

- Cubetti di ghiaccio
- Il tuo caffè preferito, abbastanza preparato per 4 tazze
- Perle di tapioca a cottura rapida da 3/4 di tazza
- 1/2 tazza di latte intero
- 1/2 tazza di latte condensato
- Cannucce di tè a bolle

Indicazioni

a) Metti il caffè pre-preparato in frigorifero per farlo raffreddare completamente: è meglio qualche ora o tutta la notte.

b) Cuocere le perle di tapioca secondo le istruzioni sulla confezione. (Non farli bollire fino a quando non sei quasi pronto per servire: si induriscono velocemente.) Lascia raffreddare in una ciotola di acqua fredda.

c) Trasferire e dividere la tapioca in quattro bicchieri vuoti. Versare il caffè freddo.

d) In una caraffa, sbatti delicatamente insieme il latte e il latte condensato. Dividi uniformemente in bicchieri da caffè (ooh, guarda come vortica tutto bene!).

e) Completare con un paio di cubetti di ghiaccio, inserire una cannuccia e servire pronto.

25. Caffè e Earl Grey Boba Mocktail

ingredienti

- 4 once di concentrato di caffè alla vaniglia Chameleon Cold Brew
- 3 once di tè Earl Grey
- Galleggiante da 2 once (bevanda a base di latte a scelta)
- Perle di tapioca (Boba) ricoperte di miele o zucchero
- Un pizzico di cardamomo cosparso sopra

Indicazioni

a) Preparare il boba e ricoprire con miele o zucchero.

b) Preparare il tè Earl Grey e raffreddare.

c) Coprire il fondo del bicchiere con il boba e un po' di zucchero.

d) Combina il concentrato di caffè alla vaniglia Chameleon Cold Brew e l'Earl Grey.

e) Versare sopra il boba.

f) Completare con panna o bevanda a base di latte a scelta.

g) Cospargi il cardamomo sopra e divertiti!

26. Tè verde ai frutti di bosco

ingredienti

- 1 bustina di tè verde
- 1/3 tazza di bevanda a base di caffè e frutta (come i marchi Kona o Bai)
- 1 cucchiaino di scorza d'arancia grattugiata
- Bastoncini di cannella
- 1 cucchiaino di miele
- 3 foglie di basilico

Indicazioni

a) In una tazza grande, aggiungi una bustina di tè verde a 6 once. acqua bollente.

b) Aggiungere la bevanda al caffè e la scorza d'arancia. Usa i bastoncini di cannella per aggiungere il miele.

c) Strappare le foglie di basilico e aggiungerle al tè. Ripida, coperta, per 5 minuti. Rimuovi la bustina di tè. Servire caldo.

CAFFÈ INFUSO ALLA FRUTTA

27. Frappuccino ai lamponi

Ingredienti :
- 2 tazze di cubetti di ghiaccio tritato
- 1 1/4 tazze di caffè preparato extra forte
- 1/2 tazza di latte
- 2 cucchiai di sciroppo di vaniglia o lampone
- 3 cucchiai di sciroppo di cioccolato
- Panna montata

Indicazioni
a) Unire cubetti di ghiaccio, caffè, latte e sciroppi in un frullatore.
b) Frullare fino a quando non sarà ben liscio.
c) Versare in tazze alte da portata fredde o bicchieri con fontana di soda.
d) Guarnire con panna montata, cioccolato a filo e sciroppo di lamponi.
e) Aggiungere una ciliegia al maraschino se lo si desidera

28. Frappe al mango

Ingredienti :
- 1 tazza e 1/2 di mango, tagliato a pezzi
- 4-6 cubetti di ghiaccio
- 1 tazza di latte
- 1 cucchiaio di succo di limone
- 2 cucchiai di zucchero
- 1/4 cucchiaino di estratto di vaniglia

Indicazioni

a) Mettere il mango tagliato nel congelatore per 30 minuti
b) Unire mango, latte, zucchero, succo di limone e vaniglia in un frullatore. Frullare fino a che liscio.
c) Aggiungere i cubetti di ghiaccio e lavorare fino a quando anche i cubetti sono lisci.
d) Servire subito.

29. Caffè al lampone

Ingredienti :
- 1/4 tazza di zucchero di canna
- Fondi di caffè per una caffettiera da 6 tazze di caffè normale
- 2 cucchiaini di estratto di lampone

Indicazioni
a) Metti l'estratto di lampone nella caffettiera vuota
b) Metti lo zucchero di canna e i fondi di caffè nel filtro del caffè
c) Aggiungi le 6 tazze d'acqua in cima e prepara la pentola.

30. Caffè di Natale

Ingredienti :
- 1 bricco di caffè (equivalente a 10 tazze)
- 1/2 tazza di zucchero
- 1/3 di tazza d'acqua
- 1/4 tazza di cacao amaro
- 1/4 di cucchiaino di cannella
- 1 pizzico di noce moscata grattugiata
- Panna da montare per guarnire

Indicazioni

a) Prepara la caffettiera.
b) In una casseruola media, scaldare l'acqua a ebollizione bassa. Aggiungere lo zucchero, il cacao, la cannella e la noce moscata.
c) Riportare a ebollizione bassa per circa un minuto, mescolando di tanto in tanto.
d) Unire il composto di caffè e cacao/spezie e servire guarnito con panna montata.

31. Ricco caffè al cocco

Ingredienti :
- 2 tazze Metà e metà
- 15 once Può crema di cocco
- 4 tazze Caffè preparato caldo
- Panna montata zuccherata

Indicazioni
a) Portare a ebollizione metà e metà e la crema di cocco in una casseruola a fuoco medio, mescolando continuamente.
b) Mescolare nel caffè.
c) Servire con panna montata zuccherata.

32. Caffè alla banana al cioccolato

Ingredienti :
- Prepara una pentola da 12 tazze del tuo caffè normale
- Aggiungi 1/2-1 cucchiaino di estratto di banana
- Aggiungere 1-11/2 cucchiaini di cacao

Indicazioni
a) Combina
b) Così semplice...e perfetto per una casa piena di ospiti

33. Caffè della Foresta Nera

Ingredienti :
- 6 once. Caffè appena fatto
- 2 cucchiai di sciroppo di cioccolato
- 1 cucchiaio di succo di ciliegie al maraschino
- Panna montata
- Cioccolato a scaglie
- Ciliegie al maraschino

Indicazioni
a) Unire il caffè, lo sciroppo di cioccolato e il succo di ciliegia in una tazza. Mescolare bene.
b) Ricoprite con la panna montata, le scaglie di cioccolato e una ciliegia o 2.

34. Caffè al maraschino

Ingredienti :
- 1 tazza di caffè nero
- 1 oncia. Amaretto
- Rediwhip Guarnizione montata
- 1 ciliegia al maraschino

Indicazioni

a) Riempi la tazza o la tazza di caffè con caffè nero caldo. Unire l'amaretto.

b) Completare con la guarnizione montata a frusta e una ciliegia.

35. Caffè al Cioccolato e Mandorla

Ingredienti :
- 1/3 tazza di caffè macinato
- 1/4 cucchiaini di noce moscata appena macinata
- 1/2 cucchiaino di estratto di cioccolato
- 1/2 cucchiaino di estratto di mandorle
- 1/4 di tazza di mandorle tostate, tritate

Indicazioni

a) Lavorare la noce moscata e il caffè, aggiungere gli estratti. Elabora 10 secondi in più. Mettere in una ciotola e mescolare nelle mandorle. Conservare in frigorifero.
b) Fa 8 porzioni da sei once. Per preparare: posizionare la miscela nel filtro di una caffettiera automatica.
c) Aggiungere 6 tazze d'acqua e preparare

36. Caffè Soda Pop

Ingredienti :
- 3 tazze Caffè doppia forza freddo
- 1 cucchiaio di zucchero
- 1 tazza Metà e metà
- 4 palline (1 pinta) di gelato al caffè
- 3/4 di tazza di soda club refrigerata
- Panna montata zuccherata
- 4 ciliegie al maraschino,
- Guarnire riccioli di cioccolato o cacao

Indicazioni
a) Unire la miscela di caffè e zucchero a metà e metà.
b) Riempire a metà 4 bicchieri alti di soda con la miscela di caffè
c) Aggiungere una pallina di gelato e riempire i bicchieri fino in cima con la soda.
d) Guarnire con la panna montata, il cioccolato o il cacao.
e) Ottimo regalo per le feste
f) Usa un decaffeinato per le feste con i giovani

37. Moka semidolce

Ingredienti :
- 4 once. Cioccolato semidolce
- 1 cucchiaio di zucchero
- 1/4 tazza di panna da montare
- 4 tazze di caffè caldo forte
- Panna montata
- Buccia d'arancia grattugiata

Indicazioni

a) Sciogliere il cioccolato in una casseruola pesante a fuoco basso.
b) Mescolare lo zucchero e la panna da montare.
c) Sbattere nel caffè usando una frusta, 1/2 tazza all'ora; continuare fino a quando non diventa spumoso.
d) Ricoprite con la panna montata e cospargete con la scorza d'arancia grattugiata.

38. Caffè viennese

Ingredienti :
- 2/3 tazza di caffè istantaneo secco
- 2/3 tazza di zucchero
- Crema non casearia in polvere da 3/4 di tazza
- 1/2 cucchiaino di cannella
- Dash ciascuno di pimento macinato, chiodi di garofano e noce moscata.

Indicazioni
a) Mescolare tutti gli ingredienti insieme e conservare in un barattolo a tenuta d'aria.
b) Mescolare 4 cucchiaini con una tazza di acqua calda.
c) Questo fa un regalo meraviglioso.
d) Metti tutti gli ingredienti in un barattolo.
e) Decorare con un nastro e un cartellino.
f) Il cartellino dovrebbe avere le istruzioni di missaggio scritte a macchina.

39. Espresso Romano

Ingredienti :
- 1/4 tazza di caffè macinato fine
- 1 1/2 tazze di acqua fredda
- 2 strisce di scorza di limone

Indicazioni
a) Mettere il caffè macinato nel filtro di una caffettiera a goccia
b) Aggiungere acqua e preparare secondo le istruzioni di erogazione della macchina
c) Aggiungi il limone in ogni tazza
d) Servire

CAFFÈ INFUSO AL CACAO

40. Cappuccino Moka ghiacciato

Ingredienti :
- 1 cucchiaio di sciroppo di cioccolato
- 1 tazza Doppio espresso caldo o caffè molto forte
- 1/4 di tazza Metà e metà
- 4 cubetti di ghiaccio

Indicazioni
a) Mescolare lo sciroppo di cioccolato nel caffè caldo fino a quando non si scioglie. In un frullatore unire il caffè con la metà e metà e i cubetti di ghiaccio.
b) Frullare ad alta velocità per 2 o 3 minuti.
c) Servire subito in un bicchiere alto e freddo.

41. Caffè freddo originale

Ingredienti :
- 1/4 tazza di caffè; istantaneo, normale o decaffeinato
- 1/4 tazza di zucchero
- 1 litro o litro di latte freddo

Indicazioni

a) Sciogliere il caffè solubile e lo zucchero in acqua calda. Mescolare in 1 litro o litro di latte freddo e aggiungere il ghiaccio. Per il gusto moka, usa il latte al cioccolato e aggiungi lo zucchero a piacere.

b) Sciogliere 1 cucchiaio di caffè solubile e 2 cucchiaini di zucchero in 1 cucchiaio di acqua calda.

c) Aggiungere 1 tazza di latte freddo e mescolare.

d) Puoi addolcire con un dolcificante ipocalorico al posto dello zucchero

42. Caffè aromatizzato alla moka

Ingredienti :
- 1/4 di tazza Crema non casearia secca
- 1/3 di tazza di zucchero
- 1/4 tazza di caffè istantaneo secco
- 2 cucchiai di cacao

Indicazioni

a) Mettere tutti gli ingredienti nel mixer, sbattere ad alta velocità fino a quando non saranno ben amalgamati. Mescolare 1 1/2 cucchiai cucchiai con una tazza di acqua calda.

b) Conservare in un barattolo a tenuta d'aria. Come un barattolo.

43. Moka piccante messicana

Ingredienti :
- 6 once di caffè forte
- 2 cucchiai di zucchero a velo
- 1 Cucchiaio Cioccolato in polvere non zuccherato
- 1/4 di cucchiaino di cannella Cassia vietnamita
- 1/4 di cucchiaino di pimento giamaicano
- 1/8 cucchiaino di pepe di Caienna
- 1-3 cucchiai di panna o metà e metà

Indicazioni

a) In una piccola ciotola, mescolare insieme tutti gli ingredienti secchi.
b) Versare il caffè in una tazza grande, aggiungere la miscela di cacao, fino a che liscio.
c) Quindi aggiungere la panna a piacere.

44. Caffè al cioccolato

Ingredienti :
- 2 cucchiai di caffè istantaneo
- 1/4 tazza di zucchero
- 1 pizzico di sale
- 1 oncia. Il cioccolato non zuccherato di Square
- 1 tazza di acqua
- 3 tazze di latte
- Panna montata

Indicazioni

a) In una casseruola unire caffè, zucchero, sale, cioccolato e acqua; mescolare a fuoco basso finché il cioccolato non si sarà sciolto. Cuocere a fuoco lento per 4 minuti, mescolando continuamente.
b) Aggiungere gradualmente il latte, mescolando continuamente fino a quando non si riscalda.
c) Quando è bollente, togliere dal fuoco e sbattere con una frusta rotativa fino a ottenere un composto spumoso.
d) Versare in coppette e velare sulla superficie di ognuna un ciuffo di panna montata.

45. Caffè alla menta piperita

Ingredienti :
- 6 tazze di caffè appena fatto
- 1 1/2 tazze di latte
- 4 once di cioccolato semidolce
- 1 cucchiaino di estratto di menta piperita
- 8 bastoncini di menta piperita

Indicazioni
a) Mettere il caffè, il latte, il cioccolato in una casseruola capiente a fuoco basso per 5-7 minuti o fino a quando il cioccolato si è sciolto, il composto viene riscaldato, mescolare di tanto in tanto.
b) Mescolare l'estratto di menta piperita
c) Versare nelle tazze
d) Guarnire con un bastoncino di menta piperita

46. Espresso Italiano Moka

Ingredienti :
- 1 tazza di caffè istantaneo
- 1 tazza di zucchero
- 4 1/2 tazze di latte secco scremato
- 1/2 tazza di cacao

Indicazioni
a) Mescolare tutti gli ingredienti insieme.
b) Lavorare in un frullatore fino a ottenere una polvere.
c) Utilizzare 2 cucchiai per una piccola tazza di acqua calda.
d) Servire in tazzine da espresso
e) Fa circa 7 tazze di miscela
f) Conservare in un barattolo con coperchio aderente.
g) I barattoli funzionano bene per conservare il caffè.

47. Caffè al cioccolato

Ingredienti :
- 1/4 tazza Espresso istantaneo
- 1/4 di tazza di cacao istantaneo
- 2 tazze Acqua bollente - è meglio usare acqua filtrata
- Panna montata
- Buccia d'arancia finemente tritata o cannella in polvere

Indicazioni

a) Unire caffè e cacao. Aggiungere acqua bollente e mescolare per sciogliere. Versare in coppette da demitasse. Completare ogni porzione con panna montata, scorza d'arancia grattugiata e un pizzico di cannella.

48. Caffè Amaretto Al Cioccolato

Ingredienti :
- Chicchi di caffè all'amaretto
- 1 cucchiaio di estratto di vaniglia
- 1 cucchiaino di estratto di mandorle
- 1 cucchiaino Cacao in polvere
- 1 cucchiaino Zucchero
- Panna montata per guarnire

Indicazioni
a) Prepara il caffè.
b) Aggiungere l'estratto di vaniglia e mandorle 1 cucchiaino di cacao e 1 cucchiaino di zucchero per tazza.
c) Guarnire con panna montata

49.   Float al caffè alla menta e cioccolato

Ingredienti :
- 1/2 tazza di caffè caldo
- 2 cucchiai di liquore Crème de Cacao
- 1 pallina di gelato alla menta con gocce di cioccolato

Indicazioni
a) Per ogni porzione unire 1/2 tazza di caffè e 2 cucchiai
b) s del liquore.
c) Completare con una pallina di gelato.

50. Cacao Caffè

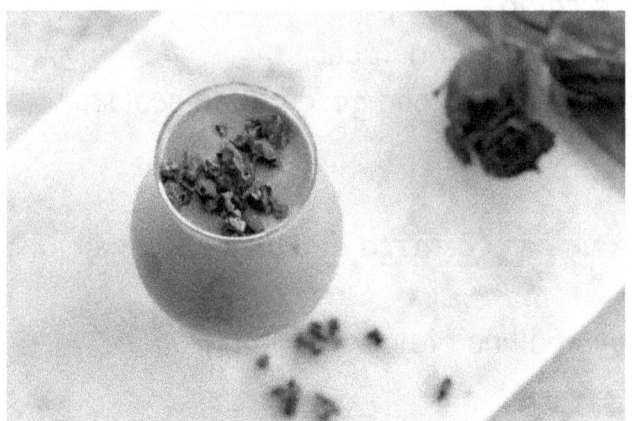

Ingredienti :
- Crema non casearia in polvere da 1/4 di tazza
- 1/3 di tazza di zucchero
- 1/4 tazza di caffè istantaneo secco
- 2 cucchiai di cacao

Indicazioni
a) Metti tutti gli ingredienti in un frullatore, frulla in alto fino a quando non saranno ben amalgamati.
b) Conservare in un barattolo a tenuta d'aria.
c) Mescolare 1 cucchiaio e 1/2 con 3/4 di tazza di acqua calda

51. Cacao Nocciola Moka

Ingredienti :
- 3/4 once. Kahlua

- 1/2 tazza di caffè caldo alla nocciola

- 1 cucchiaino di Nestlé Quick

- 2 cucchiai metà e metà

Indicazioni
a) Unire tutti gli ingredienti .
b) S mar

52. Caffè alla menta al cioccolato

Ingredienti :
- 1/3 tazza di caffè macinato
- 1 cucchiaino di estratto di cioccolato
- 1/2 cucchiaino di estratto di menta
- 1/4 di cucchiaino di estratto di vaniglia

Indicazioni
a) Mettere il caffè nel frullatore.
b) In una tazza unire gli estratti, aggiungere gli estratti al caffè.
c) Processo fino a miscelazione, solo pochi secondi.
d) Conservare in frigorifero

53. Caffellatte

Ingredienti :
- 2 tazze di latte
- 1/2 tazza di panna
- 6 tazze di caffè della Louisiana

Indicazioni
a) Unire il latte e la panna in una casseruola; basta portare a ebollizione (si formeranno delle bolle attorno al bordo della padella), quindi togliere dal fuoco.
b) Versare una piccola quantità di caffè in ogni tazzina.
c) Versare il caffè rimanente e il composto di latte caldo insieme fino a riempire le tazze per circa 3/4.
d) Il latte scremato può essere sostituito con latte intero e panna.

54. Caffè italiano con cioccolato

Ingredienti :
- 2 tazze di caffè caldo forte
- 2 tazze di cacao caldo tradizionale - prova il marchio Hershey
- Panna montata
- Buccia d'arancia grattugiata

Indicazioni
a) Unire 1/2 tazza di caffè e 1/2 tazza di cacao in ciascuna delle 4 tazze.
b) Completare con panna montata; cospargere con scorza d'arancia grattugiata.

55. Moka semidolce

Ingredienti :
- 4 once. Cioccolato semidolce
- 1 cucchiaio di zucchero
- 1/4 tazza di panna da montare
- 4 tazze di caffè caldo forte
- Panna montata
- Buccia d'arancia grattugiata

Indicazioni
a) Sciogliere il cioccolato in una casseruola pesante a fuoco basso.
b) Mescolare lo zucchero e la panna da montare.
c) Sbattere nel caffè usando una frusta, 1/2 tazza all'ora; continuare fino a quando non diventa spumoso.
d) Ricoprite con la panna montata e cospargete con la scorza d'arancia grattugiata.

CAFFÈ INFUSO ALLE SPEZIE

56. Caffè speziato all'arancia

Ingredienti :
- 1/4 tazza di caffè macinato
- 1 cucchiaio Buccia d'arancia grattugiata
- 1/2 cucchiaino di estratto di vaniglia
- 1 1/2 bastoncini di cannella

Indicazioni
a) Mettere il caffè e la scorza d'arancia in un frullatore o robot da cucina.
b) Fermare il processore abbastanza a lungo per aggiungere la vaniglia.
c) Elabora altri 10 secondi.
d) Mettere il composto in una brocca di vetro con i bastoncini di cannella e conservare in frigorifero.

57. Crema al caffè speziata

Ingredienti :
- 2 tazze Nestlé's quick
- 2 tazze di crema al caffè in polvere
- 1/2 tazza di zucchero a velo
- 3/4 cucchiaini di cannella
- 3/4 cucchiaini di noce moscata

Indicazioni
a) Mescolare tutti gli ingredienti insieme e conservare in un barattolo ermetico.
b) Mescolare 4 cucchiaini con una tazza di acqua calda

58. Caffè speziato al cardamomo

Ingredienti :
- 3/4 tazza di caffè macinato
- 2 2/3 tazze d'acqua
- Cardamomo macinato
- 1/2 tazza di latte condensato zuccherato

Indicazioni
a) Prepara il caffè in una caffettiera a goccia o a caffettiera.
b) Versare in 4 tazze.
c) Ad ogni porzione aggiungere un goccio di cardamomo e 2 cucchiai di latte condensato.
d) Mescolata
e) Servire

59. Cafè de Ola

Ingredienti :

- 8 tazze di acqua filtrata
- 2 bastoncini di cannella piccoli
- 3 chiodi di garofano interi
- 4 once di zucchero di canna scuro
- 1 quadrato di cioccolato semidolce o cioccolato messicano
- 4 once di caffè macinato

Indicazioni

a) Porta l'acqua a ebollizione.
b) Aggiungere la cannella, i chiodi di garofano, lo zucchero e il cioccolato.
c) Portare di nuovo a ebollizione, eliminare l'eventuale schiuma.
d) Ridurre il fuoco al minimo e NON LASCIARLO BOLLIRE
e) Aggiungere il caffè e lasciare macerare per 5 minuti.

60. Caffè Vaniglia Mandorla

Ingredienti :
- 1/3 tazza di caffè macinato
- 1 cucchiaino di estratto di vaniglia
- 1/2 cucchiaino di estratto di mandorle
- 1/4 di cucchiaino di semi di anice

Indicazioni
a) Mettere il caffè in un frullatore
b) Unire gli ingredienti rimanenti in una tazza separata
c) Aggiungere l'estratto e i semi al caffè nel frullatore
d) Processo fino a quando combinato
e) Utilizzare la miscela come di consueto durante la preparazione del caffè
f) Fa porzioni da 8-6 once
g) Conservare la parte inutilizzata in frigorifero

61. Giava araba

Ingredienti :
- 1 litro di acqua filtrata
- 3 cucchiai di caffè
- 3 cucchiai di zucchero
- 1/4 cucchiaino di cannella
- 1/4 cucchiaino di cardamomo
- 1 cucchiaino di vaniglia o zucchero vanigliato

Indicazioni

a) Mescolare tutti gli ingredienti in una casseruola e scaldare fino a quando la schiuma si raccoglie in cima.
b) Non passare attraverso un filtro.
c) Mescolare prima di servire

62. Caffè al miele

Ingredienti :
- 2 tazze di caffè fresco
- 1/2 tazza di latte
- 4 cucchiai di miele
- 1/8 cucchiaino di cannella
- Dash noce moscata o pimento
- Goccia o 2 di Estratto di Vaniglia

Indicazioni
a) Riscaldare gli ingredienti in una casseruola, ma non bollire.
b) Mescolare bene per unire gli ingredienti.
c) Un delizioso caffè da dessert.

63. Caffè Vienna Desiderio

Ingredienti :
- 1/2 tazza di caffè istantaneo
- 2/3 tazza di zucchero
- 2/3 tazza di latte scremato
- 1/2 cucchiaino di cannella
- 1 pizzico di chiodi di garofano - regolare a piacere
- 1 pizzico di pimento - regolare a piacere
- 1 pizzico di noce moscata regolare in chiave

Indicazioni
a) Mescolare tutti gli ingredienti insieme
b) Usa un frullatore per sfumare in una polvere molto fine. Utilizzare 1 cucchiaio per tazza di acqua calda filtrata.

64. Caffè speziato alla cannella

Ingredienti :
- 1/3 tazza di caffè istantaneo
- 3 cucchiai di zucchero
- 8 chiodi di garofano interi
- Bastoncino di cannella da 3 pollici
- 3 tazze di acqua
- Panna montata
- Cannella in polvere

Indicazioni

a) Unisci 1/3 di tazza di caffè istantaneo, 3 cucchiai di zucchero, chiodi di garofano, cannella in bastoncino e acqua.

b) Coprire, portare a ebollizione. Togliere dal fuoco e lasciare riposare, coperto, per circa 5 minuti in infusione.

c) Sottoporre a tensione. Versare in coppette e guarnire ciascuna con un cucchiaio di panna montata. Aggiungi un pizzico di cannella.

65. Espresso alla cannella

Ingredienti :
- 1 tazza di acqua fredda
- 2 cucchiai Caffè espresso macinato
- 1/2 bastoncino di cannella (lungo 3")
- 4 cucchiaini di crema di cacao
- 2 cucchiaini di Brandy
- 2 cucchiai Panna da montare fredda Cioccolato fondente grattugiato per guarnire

Indicazioni

a) Usa la tua macchina espresso per questo caffè molto forte con una piccola quantità di acqua filtrata.
b) Spezzettare un bastoncino di cannella e aggiungerlo all'espresso caldo.
c) Lasciare raffreddare per 1 minuto.
d) Aggiungere la crema di cacao e il brandy e mescolare delicatamente. Versare in demitasse
e) Tazze. Montare la panna e far galleggiare un po' di panna sopra ogni tazza. Guarnire con cioccolato grattugiato o riccioli di cioccolato.

66. Caffè speziato messicano

Ingredienti :
- 3/4 tazza di zucchero di canna, ben confezionato
- 6 chiodi di garofano
- 6 fette julienne di scorza d'arancia
- 3 bastoncini di cannella
- 6 cucchiai . Vero caffè preparato

Indicazioni

a) In una pentola capiente, scalda 6 tazze d'acqua con lo zucchero di canna, i bastoncini di cannella e i chiodi di garofano a fuoco moderatamente alto fino a quando il composto è caldo, ma non farlo bollire. Aggiungere il caffè, portare a ebollizione il composto, mescolando di tanto in tanto, per 3 minuti.

b) Filtrare il caffè attraverso un colino fine e servire in tazze da caffè con la scorza d'arancia.

67. Caffè all'uovo vietnamita

Ingredienti :
- 1 uovo
- 3 cucchiaini di polvere di caffè vietnamita
- 2 cucchiaini di latte condensato zuccherato
- Acqua bollente

Indicazioni

a) Prepara una tazzina di caffè vietnamita.
b) Rompi un uovo e scarta gli albumi.
c) Mettete il tuorlo e il latte condensato zuccherato in una ciotola piccola e profonda e sbattete energicamente fino ad ottenere un composto spumoso e spumoso come quello sopra.
d) Aggiungere un cucchiaio di caffè preparato e mescolare.
e) In una tazza di caffè trasparente versa il caffè preparato, quindi aggiungi sopra il composto di uova soffici.

68. Caffè turco

Ingredienti :
- 3/4 tazza di acqua
- 1 cucchiaio di zucchero
- 1 cucchiaio di caffè in polvere
- 1 baccello di cardamomo

Indicazioni
a) Portare a ebollizione l'acqua e lo zucchero.
b) Togliere dal fuoco - aggiungere caffè e cardamomo
c) Mescolare bene e tornare al fuoco.
d) Quando il caffè si forma la schiuma, togliere dal fuoco e lasciare riposare i fondi.
e) Ripeti altre due volte. Versare nelle tazze.
f) I fondi di caffè dovrebbero depositarsi prima di essere bevuto.
g) Puoi servire il caffè con il baccello di cardamomo nella tazza, a tua scelta

Suggerimenti per il caffè turco
h) Va sempre servito con la schiuma sopra
i) Puoi richiedere che il tuo caffè sia macinato per il caffè turco: è una consistenza in polvere.
j) Non mescolare dopo aver versato nelle tazze poiché la schiuma collasserà
k) Utilizzare sempre acqua fredda durante la preparazione
l) La panna o il latte non vengono mai aggiunti al caffè turco; tuttavia, lo zucchero è facoltativo

69. Latte speziato alla zucca

Ingredienti :
- 2 cucchiai di zucca in scatola
- 1/2 cucchiaino di spezie per torta di zucca, più altro per guarnire
- Pepe nero appena macinato
- 2 cucchiai di zucchero
- 2 cucchiai di estratto di vaniglia puro
- 2 tazze di latte intero
- Da 1 a 2 colpi di caffè espresso, circa 1/4 di tazza
- 1/4 di tazza di panna montata, montata fino a formare picchi sodi

Indicazioni

a) Riscalda la zucca e le spezie: in una piccola casseruola a fuoco medio cuoci la zucca con la spezia della torta di zucca e una generosa dose di pepe nero per 2 minuti o finché non è calda e profuma di cottura. Mescolare continuamente.

b) Aggiungere lo zucchero e mescolare fino a quando il composto non assume l'aspetto di uno sciroppo denso e frizzante.

c) Sbattere il latte e l'estratto di vaniglia. Riscaldare delicatamente a fuoco medio, osservando attentamente per assicurarsi che non trabocchi.

d) Lavorare con cura la miscela di latte con un frullatore a immersione o in un frullatore tradizionale (tenere il coperchio ben stretto con uno spesso batuffolo di

asciugamani!) fino a quando non diventa spumoso e miscelato.
e) Miscelare le bevande: preparare l'espresso o il caffè e dividerlo in due tazze e aggiungere il latte montato.
f) Completare con panna montata e una spolverata di spezie per torta di zucca, cannella o noce moscata se lo si desidera.

70. Latte al caramello

Ingredienti :
- 2 once di caffè espresso
- 10 once di latte
- 2 cucchiai di salsa al caramello fatta in casa più altro per condire
- 1 cucchiaio di zucchero (facoltativo)

Indicazioni

a) Versare l'espresso in una tazza.
b) Metti il latte in un bicchiere largo o in un barattolo di vetro e mettilo nel microonde per 30 secondi finché non è molto caldo ma non bollente.
c) In alternativa, scaldare il latte in una casseruola a fuoco medio per circa 5 minuti fino a quando è molto caldo ma non bollente, osservandolo attentamente.
d) Aggiungi la salsa al caramello e lo zucchero (se lo usi) al latte caldo e mescola finché non si sciolgono.
e) Usando un montalatte, monta il latte fino a quando non vedi bolle e ottieni una schiuma densa, da 20 a 30 secondi. Ruota il bicchiere e picchiettalo ripetutamente sul bancone per far scoppiare le bolle più grandi. Ripeti questo passaggio se necessario.
f) Aiutandosi con un cucchiaio per trattenere la schiuma, versare il latte nell'espresso. Versare sopra la schiuma rimanente.

CAFFÈ INFUSO CON ALCOOL

71. Caffè al rum

Ingredienti :
- 12 once. Caffè macinato fresco, preferibilmente cioccolato alla menta o cioccolato svizzero
- 2 once. O più 151 camere
- 1 cucchiaio grande di panna montata
- 1 oncia. Crema irlandese di Bailey
- 2 cucchiai di sciroppo di cioccolato

Indicazioni
a) Fresco macinare il caffè.
b) Birra.
c) In una tazza grande, metti 2+ once. di 151 stanze nel fondo.
d) Versare il caffè caldo nella tazza a 3/4 dell'altezza.
e) Aggiungere la crema irlandese di Bailey.
f) Mescolata.
g) Completare con la panna montata fresca e irrorare con lo sciroppo di cioccolato.

72. Kahlua Irish Coffee

Ingredienti :
- 2 once. Kahlua o liquore al caffè
- 2 once. Whisky irlandese
- 4 tazze Caffè caldo
- 1/4 di tazza Panna da montare, montata

Indicazioni

a) Versare mezzo grammo di liquore al caffè in ogni tazza. Aggiungi mezza oncia di whisky irlandese a ciascuno
b) tazza. Versare il caffè bollente appena preparato, mescolare. Cucchiaio due colmo
c) un cucchiaio di panna montata sopra ciascuno. Servire caldo, ma non così caldo da bruciarti le labbra.

73. Il cappuccino irlandese di Bailey

Ingredienti :
- 3 once. Crema irlandese di Bailey
- 5 once. caffè caldo -
- Guarnizione per dessert in scatola
- 1 pizzico di noce moscata

Indicazioni
a) Versa la Bailey's Irish Cream in una tazza da caffè.
b) Riempire con caffè nero caldo. Completare con un solo spruzzo di topping per dessert.
c) Spolverare la guarnizione del dessert con un pizzico di noce moscata

74. Caffè Brandy

Ingredienti :
- 3/4 tazza di caffè forte caldo
- 2 once di Brandy
- 1 cucchiaino Zucchero
- 2 once di panna pesante

Indicazioni

a) Versare il caffè in una tazza alta. Aggiungere lo zucchero e mescolare per scioglierlo.

b) Aggiungere il Brandy e mescolare ancora. Versare la panna, sopra il dorso di un cucchiaino tenendolo leggermente sopra la sommità del caffè nella tazzina. Questo gli permette di galleggiare.

c) Servire.

75. Kahlua e salsa al cioccolato

Ingredienti :
- 6 tazze Caffè caldo
- 1 tazza di sciroppo di cioccolato
- 1/4 di tazza Kahlua
- $\frac{1}{8}$ cucchiaini di cannella in polvere
- Panna montata

Indicazioni

a) Unisci caffè, sciroppo di cioccolato, Kahlua e cannella in un grande contenitore; mescolare bene.

b) Servire subito. Completare con panna montata.

76. Liquore al caffè fatto in casa

Ingredienti :
- 4 tazze di zucchero
- 1/2 tazza di caffè istantaneo - usa acqua filtrata
- 3 tazze di acqua
- 1/4 di cucchiaino di sale
- 1 1/2 tazze di Vodka, ad alta gradazione
- 3 cucchiai di vaniglia

Indicazioni

a) Unire lo zucchero e l'acqua; far bollire fino a quando lo zucchero si dissolve. Ridurre il fuoco per sobbollire e cuocere a fuoco lento 1 ora.
b) RAFFREDDAMENTO FACILE.
c) Mescolare la vodka e la vaniglia.

77. Kahlua Brandy Caffè

Ingredienti :
- 1 oncia di Kahlua
- 1/2 oncia di Brandy
- 1 tazza di caffè caldo
- Panna montata per guarnire

Indicazioni
a) Aggiungi Kahlua e brandy al caffè
b) Guarnire con la panna montata

78. Espresso Tequila Lime

Ingredienti :
- Doppio colpo di caffè espresso
- 1 bicchierino di tequila bianca
- 1 lime fresco

Indicazioni
a) Fai scorrere una fetta di lime lungo il bordo di un bicchiere da espresso.
b) Versare un doppio bicchierino di espresso sul ghiaccio.
c) Aggiungi un solo bicchierino di tequila bianca
d) Servire

79. Caffè al brandy zuccherato

Ingredienti :
- 1 tazza di caffè appena fatto
- 1 oncia. Liquore al caffè
- 1 cucchiaino di sciroppo di cioccolato
- 1/2 oncia. Brandy
- 1 pizzico di cannella
- Panna montata dolce

Indicazioni

a) Unire il liquore al caffè, il brandy, lo sciroppo di cioccolato e la cannella in una tazza. Riempire con caffè appena preparato.

b) Completare con panna montata.

80. Caffè della cena

Ingredienti :
- 3 tazze Caffè decaffeinato molto caldo
- 2 cucchiai Zucchero
- 1/4 di tazza di rum chiaro o scuro

Indicazioni
a) Unire il caffè molto caldo, lo zucchero e il rum in una pentola riscaldata.
b) Raddoppia se necessario.

81. Caffè d'acero dolce

Ingredienti :
- 1 tazza Metà e metà
- 1/4 di tazza di sciroppo d'acero
- 1 tazza Caffè preparato caldo
- Panna montata zuccherata

Indicazioni
a) Cuocere metà e metà e lo sciroppo d'acero in una casseruola a fuoco medio. Mescolando costantemente, fino a completo riscaldamento. Non far bollire la miscela.
b) Mescolare nel caffè e servire con panna montata zuccherata.

82. Sogno di Dublino

Ingredienti :

- 1 Cucchiaio Caffè istantaneo
- 1 1/2 cucchiai di cioccolata calda istantanea
- 1/2 oncia. Liquore alla crema irlandese
- 3/4 tazza di acqua bollente
- 1/4 tazza di panna montata

Indicazioni
a) In un bicchiere da Irish coffee mettete tutti gli ingredienti tranne la panna montata.
b) Mescolare fino a quando ben miscelato e guarnire con panna montata.

83. Caffè Di Saronno

Ingredienti :
- 1 oncia. Di saronno amaretto
- 8 once. Caffè
- Panna montata

Indicazioni
a) Frullate l'Amaretto Di Saronno con il caffè, quindi guarnite con la panna montata.
b) Servire in tazze da caffè irlandesi.

84. Caffé Bassa

Ingredienti :
- 8 tazze Acqua calda
- 3 cucchiai Caffè solubile in grani
- 1/2 bicchiere di liquore al caffè
- 1/4 di tazza di liquore Crème de Cacao
- 3/4 tazza di panna montata
- 2 cucchiai Cioccolato semidolce, grattugiato

Indicazioni

a) Nella pentola a cottura lenta, unisci acqua calda, caffè e liquori.
b) Coprire e riscaldare su BASSO 2-4 ore. Mestolo in tazze o bicchieri resistenti al calore.
c) Completare con panna montata e cioccolato grattugiato.

85. Caffè pralinato

Ingredienti :

- 3 tazze Caffè preparato caldo
- 3/4 di tazza Metà e metà
- 3/4 tazze Zucchero di canna ben confezionato
- 2 cucchiai di burro o margarina
- Liquore al pralinato da 3/4 di tazza
- Panna montata zuccherata

Indicazioni

a) Cuocere i primi 4 ingredienti in una casseruola capiente a fuoco medio, mescolando continuamente, fino a completo riscaldamento, non far bollire.

b) Mescolare nel liquore; servire con panna montata zuccherata.

86. Vodka Caffè

Ingredienti :
- 2 tazze di zucchero di canna scuro, ben confezionate
- 1 tazza di zucchero bianco
- 2 1/2 tazze d'acqua
- 4 tazze di pezzi di noci pecan
- 4 bacche di vaniglia divise per il lungo
- 4 tazze di vodka

Indicazioni

a) Unire lo zucchero di canna, lo zucchero bianco e l'acqua in una casseruola a fuoco medio, fino a quando il composto inizia a bollire. Ridurre il calore e cuocere a fuoco lento per 5 minuti.

b) Metti i baccelli di vaniglia e le noci pecan in un grande barattolo di vetro (poiché questo fa 4 tazze e 1/2 Versa il composto caldo nel barattolo e lascia raffreddare. Aggiungi la vodka

c) Coprire bene e conservare in un luogo buio. Capovolgere il barattolo ogni giorno per le prossime 2 settimane per mantenere tutti gli ingredienti combinati. Dopo 2 settimane, filtrare la miscela, scartando i solidi.

87. Amaretto Cafè

Ingredienti :
- 1 1/2 tazze di acqua calda
- 1/3 di tazza di amaretto
- 1 cucchiaio di cristalli di caffè istantaneo
- Guarnizione di panna montata

Indicazioni
a) Mescola acqua e cristalli di caffè istantaneo in un piatto per microonde.
b) Forno a microonde scoperto, al 100% di potenza per circa 3 minuti o solo fino a quando diventa bollente.
c) Unire l'Amaretto. Servire in tazze di vetro trasparente. Completa ogni tazza di miscela di caffè con un po 'di topping per dessert.

88. Cafè Au Cin

Ingredienti :
- 1 tazza di caffè tostato francese forte e freddo
- 2 cucchiai di zucchero semolato
- pizzico di cannella
- 2 once. Porto bruno
- 1/2 cucchiaino di buccia d'arancia grattugiata

Indicazioni
a) Unire e mescolare in un frullatore ad alta velocità.
b) Versare in bicchieri da vino ghiacciati.

89. Cappuccino Spigato

Ingredienti :
- 1/2 tazza Metà e metà
- 1/2 tazza di caffè espresso appena preparato
- 2 cucchiai di brandy
- 2 cucchiai Rum bianco
- 2 cucchiai di crème de cacao fondente
- Zucchero

Indicazioni

a) Sbattere metà e metà in una piccola casseruola a fuoco alto finché non diventa spumoso, circa 3 minuti.
b) Dividere il caffè espresso in 2 tazze. Aggiungere metà del brandy e metà della crème de cacao in ogni tazza.
c) Sbatti nuovamente metà e metà e versa nelle tazze.
d) Lo zucchero è facoltativo

90. Caffè gaelico

Ingredienti :
- Caffè nero; appena fatto
- Whisky scozzese
- Zucchero grezzo di canna
- Vera panna montata; frustato fino a quando leggermente denso

Indicazioni
a) Versare il caffè in un bicchiere riscaldato.
b) Aggiungere il whisky e lo zucchero di canna a piacere. Mescolare bene.
c) Versare un po' di panna leggermente montata nel bicchiere sopra il dorso di un cucchiaino che si trova appena sopra la parte superiore del liquido nella tazza.
d) Dovrebbe galleggiare un po'.

91. Caffè al whisky di segale

Ingredienti :
- 1/4 di tazza di sciroppo d'acero; puro
- 1/2 tazza di whisky di segale
- 3 tazze di caffè; caldo, nero, doppia forza

Condimenti:
- 3/4 tazza di panna da montare
- 4 cucchiaini di sciroppo d'acero puro

Indicazioni

a) Topping-Monta i 3/4 di tazza di panna montata con i 4 cucchiaini di sciroppo d'acero fino a formare un morbido tumulo.
b) Dividi lo sciroppo d'acero e il whisky in 4 tazze di vetro resistenti al calore preriscaldate.
c) Versare il caffè a 1 pollice dall'alto.
d) Cucchiaio sopra il caffè.
e) Servire

92. Caffè al brandy alla ciliegia

Ingredienti :
- 1/2 oncia di brandy alla ciliegia
- 5 once di caffè nero fresco
- 1 cucchiaino di panna montata con zucchero
- Ciliegie Al Maraschino

Indicazioni
a) Versare il caffè e il brandy Cherry in una tazzina da caffè e aggiungere lo zucchero per addolcire.
b) Completare con panna montata e una ciliegia al maraschino.

93. Caffè danese

Ingredienti :
- 8 c Caffè caldo
- 1c Camera oscura
- 3/4 tazza di zucchero
- 2 bastoncini di cannella
- 12 chiodi di garofano (interi)

Indicazioni
a) In una casseruola molto grande e pesante, unire tutti gli ingredienti, coprire e tenere a fuoco basso per circa 2 ore.
b) Servire in tazze da caffè.

94. Sparatutto di whisky

Ingredienti :
- 1/2 tazza di latte scremato
- 1/2 tazza di yogurt bianco magro
- 2 cucchiaini di zucchero
- 1 cucchiaino Caffè istantaneo in polvere
- 1 cucchiaino di whisky irlandese

Indicazioni

a) Mettere tutti gli ingredienti in un frullatore a bassa velocità.
b) Frulla finché non vedi che i tuoi ingredienti sono incorporati l'uno nell'altro.
c) Usa un bicchiere shake alto per la presentazione.

95. Il buon vecchio irlandese

Ingredienti :
- 1,5 once di liquore alla crema irlandese
- 1,5 once di whisky irlandese
- 1 tazza di caffè preparato caldo
- 1 cucchiaio di panna montata
- 1 pizzico di noce moscata

Indicazioni
a) In una tazza da caffè, unire Irish Cream e The Irish Whiskey.
b) Riempi la tazza di caffè. Completare con una cucchiaiata di panna montata.
c) Guarnire con una spolverata di noce moscata.

96. Bushmills Irish Coffee

Ingredienti :

- 1 1/2 once di whisky irlandese Bushmills
- 1 cucchiaino di zucchero di canna (facoltativo)
- 1 goccia di Crème de menthe, verde
- Caffè fresco extra forte
- Panna montata

Indicazioni

a) Versare il whisky nella tazza di caffè irlandese e riempire fino a 1/2 pollice dall'alto con il caffè. Aggiungere lo zucchero a piacere e mescolare. Guarnire con panna montata e cospargere di crema di menta.

b) Immergere il bordo della tazza nello zucchero per ricoprire il bordo.

97. Caffè irlandese nero

Ingredienti :
- 1 tazza di caffè forte
- 1 1/2 oncia. whisky irlandese
- 1 cucchiaino Zucchero
- 1 cucchiaio di panna montata

Indicazioni
a) Mescola caffè, zucchero e whisky in una grande tazza per microonde.
b) Forno a microonde in alto per 1 o 2 minuti . Completare con panna montata
c) Attento quando bevi, potrebbe aver bisogno di un momento per raffreddarsi.

98. Caffè irlandese cremoso

Ingredienti :
- 1/3 di tazza di liquore alla crema irlandese
- 1 1/2 tazze di caffè appena fatto
- 1/4 di tazza di panna pesante, leggermente zuccherata e montata

Indicazioni
a) Dividi il liquore e il caffè tra 2 tazze.
b) Completare con panna montata.
c) Servire.

99. Caffè irlandese vecchio stile

Ingredienti :
- 3/4 tazza di acqua calda
- 2 cucchiai di whisky irlandese
- Topping al dolce
- 1 1/2 cucchiai di cristalli di caffè istantaneo
- Zucchero di canna a piacere

Indicazioni
a) Combina acqua e cristalli di caffè istantaneo. Forno a microonde, scoperto, acceso
b) 100% di potenza per circa 1 minuto e 1/2 o solo fino a quando diventa bollente. Mescolare il whisky irlandese e lo zucchero di canna.

100. Crema Liquore Latte

Ingredienti :
- 1 parte di liquore alla crema
- 1½ parte di Vodka

Indicazioni
a) Shakerare con ghiaccio e filtrare in una coppetta Martini .
b) Godere

CONCLUSIONE

Con ogni ricetta assaporata e ogni nota aromatica custodita, concludiamo il nostro viaggio attraverso le pagine di "A Coffee Lover's Recipe Collection" La sinfonia di sapori, la poesia dell'aroma e l'arte della presentazione si uniscono nel regno della preparazione del caffè. Come hai scoperto, il caffè non è solo una bevanda; è un'esperienza che coinvolge tutti i tuoi sensi e cattura momenti nel tempo.

Speriamo che queste ricette abbiano acceso una ritrovata passione per la preparazione del caffè e ti abbiano ispirato a sperimentare sapori, tecniche e tocchi personali. Lascia che la gioia di preparare la tua tazza di perfezione infonda ogni giorno un tocco di eleganza e indulgenza.

Dal cuore della cultura del caffè al tuo, grazie per esserti unito a noi in questo viaggio. Possa il tuo caffè essere sempre preparato alla perfezione e che ogni sorso ti avvicini all'essenza della vera beatitudine.

www.ingramcontent.com/pod-product-compliance
Lightning Source LLC
LaVergne TN
LVHW021703060526
838200LV00050B/2489